RECETAS DE PIZZA

+50 recetas y secretos para dominar el arte de hacer pizzas italianas

Antonia Deamicis

Reservados todos los derechos.

Descargo de responsabilidad

TABLA DE CONTENIDO

INTRODUCCIÓN

Cuando piensas en pizza, ¿te viene a la mente la palabra dieta? ¡Probablemente no! No es de extrañar, el manjar italiano se compone de carbohidratos y grasas y, por lo tanto, no hay rastro de él en la mayoría de los planes de dieta. ¡Pero no con la dieta de la pizza !, créanlo o no, bajó más de 45 kilos, se supone que derretirá los kilos sin rendirse. ¿Pero como puede ser eso? Esto es fácil de justificar, porque al satisfacer tus antojos con una pizza todos los días, el riesgo de tener antojos de comida disminuye y tiendes a no recurrir a otras tentaciones grasas o dulces con tanta rapidez. "Cuando comes pizza, no necesitas nada más". El italiano, que vive en Nueva York, también admite ante el American Huffington Post. Conclusión: ¡Se ingieren menos calorías y los kilos vuelven a bajar!

Dieta de pizza: cómo funciona

Si optas por la dieta de la pizza, debes tener en cuenta que pasas un poco de tiempo en la cocina durante el día, porque el principio más importante es: no pizza del congelador, pero siempre comidas recién preparadas. Sin embargo, esto no supone un gran esfuerzo, porque al igual que en una pizza convencional, la masa se compone de harina (es mejor utilizar variantes integrales, ya que te llenan más tiempo), agua, sal y levadura. Además, el italiano usa una salsa de tomate, tomates frescos, albahaca y mozzarella para el aderezo (puede usar la variante baja en grasa para ahorrar algunas calorías).

Así, esta comida tiene casi 600 calorías y es el plato ideal para el almuerzo.

Pero, ¿qué hay en el menú por la mañana y por la noche? Para el desayuno, puede tomar fruta fresca y una porción de avena, que regula su nivel de azúcar en la sangre y asegura que no sienta hambre hasta el almuerzo. Por la noche, los carbohidratos son tabú y los platos elaborados con carne y pescado ricos en proteínas y verduras frescas deben estar en su menú para estimular la quema de grasa durante la noche. Por supuesto, debes evitar los dulces y el alcohol durante este tiempo. Con esta dieta, la dieta de la pizza también trabaja los secretos adelgazantes de los italianos, porque si bien una gran porción de pizza, pasta y compañía se puede comer a la hora del almuerzo, los carbohidratos están prohibidos en la mesa antes de acostarse.

PALILLOS DE PIZZA SEGÚN RECETA FAMILIAR

Porciones: 5

INGREDIENTES

- 12 piezas   Aufbackbrötchen
- 0,125 kilogramos   manteca
- 1 PC   huevo
- 200 g queso rallado
- 2 piezas   ajo
- 200 g jamón
- 1 paquete   Macetas
- 1 PC   pimenton
- 1 Federación perejil

- 1 disparo   Jugo de lima
- 1 disparo   Manera grandiosa

PREPARACIÓN

Cortar el jamón y posiblemente el pimentón en trozos pequeños.

Mezcle el requesón y la mantequilla hasta que esté espumoso; agregue el jamón, el queso, el perejil, el huevo y el ajo prensado. Mezclar bien.

Corta los panecillos por la mitad y coloca la mezcla de pizza encima. Simplemente colóquelo en el horno durante 15-20 minutos y listo.

ROLLOS DE PIZZA

Porciones: 1

INGREDIENTES

- 10 G   sal
- 250 ml Pasta de tomate
- 2 cucharadas aceite de oliva
- 0,5 piezas   cebolla
- 1 PC   diente de ajo
- 2 TL   orégano
- 150 G Queso (rallado)

para la masa

- 500 G Harina
- 1 cucharada   Malta para hornear

- 300 ml agua
- 5 G   Germen
- 2 cucharadas petróleo
- 1 TL   azúcar

PREPARACIÓN

Primero ponga la harina en un bol y agregue la levadura, el aceite, la sal y la malta para hornear. Amasar hasta obtener una masa homogénea con el agua y dejar reposar durante 1 hora.

Mientras tanto, calentar el aceite de oliva en una cacerola y asar la cebolla y el ajo finamente picados. Agrega la pasta de tomate y deja hervir a fuego lento durante 15 minutos. Agrega el azúcar y el orégano y sazona con sal y pimienta.

Forme la masa en pequeños Schifferl y coloque la salsa de tomate en el medio. Por último, espolvorea el queso por encima, coloca en una bandeja para horno forrada con papel de horno y hornea los rollitos a 210 grados centígrados durante unos 15 minutos.

ROLLOS DE PIZZA RÁPIDOS

Porciones: 6

INGREDIENTES

- 200 g Salami (cortado en cubitos)
- 200 g Jamón (cortado en cubitos)
- 2 piezas   Cebolla (finamente picada)
- 2 piezas   Pimentón (cortado en cubitos)
- 200 g Queso (rallado)
- 8 piezas   Tostadas (o pan blanco)

PREPARACIÓN

Mezcle bien todos los ingredientes y agregue solo sal, pimienta y posiblemente albahaca al gusto.

Luego esparce la mezcla sobre rebanadas de pan tostado o pan blanco y hornea por unos 20 minutos.

PIZZA TURCA

Porciones: 8

INGREDIENTES

- 500 G Cordero / ternera picada
- 1 PC   cebolla
- 4 piezas   Dientes de ajo
- 1 lata   Tomates (cubitos con jugo)
- 2 cucharadas Pasta de tomate
- 1 cucharada   Polvo de pimentón
- 0,5 TL Comino (molido)
- 1 cucharada   Jugo de limon
- 20 G   Perejil (finamente picado)
- 3 cucharadas aceite de oliva
- 1 premio   sal

- 1 premio   pimienta

Masa

- 20 G   Germen
- 500 G harina común
- 40 ml aceite de oliva
- 2 TL   Sal (para la masa)
- 1 premio   azúcar

PREPARACIÓN

Empezamos por la masa: Para ello, disuelve la levadura en un poco de agua. La harina se amasa bien con el aceite, la sal, el azúcar y la mezcla de levadura. Cubre con un paño húmedo y deja que la masa de pizza suba durante aproximadamente una hora.

A continuación, preparar la salsa: pelar y picar finamente la cebolla y el ajo. Rehogar en una cacerola con 2 cucharadas de aceite de oliva. Aquí es donde se agrega la carne picada y se fríe.

Agregue los tomates con salsa y pasta de tomate y cocine todo junto a fuego medio durante unos 15 minutos. Condimentado con pimentón, comino, jugo de limón, sal, pimienta y perejil, la salsa está lista.

El horno se precalienta a 220 ° C y las bandejas para hornear se preparan con papel de hornear.

Después de reposar, la masa se vuelve a amasar y se octa. Extienda las piezas en forma ovalada para que quepan 2-3 piezas en una bandeja.

La salsa terminada se extiende encima y se hornea en el horno durante unos 15 minutos.

MASA PARA PIZZA

Porciones: 1

INGREDIENTES

- 450 G Harina
- 1,5 TL sal
- 4 cucharadas aceite de oliva
- 0,30 agua
- 1 paquete   levadura

PREPARACIÓN

Primero pones la harina y la sal en un bol grande y las mezclas.

Ponga el aceite, la levadura (lo mejor es desmenuzar la levadura en sus manos tibias a temperatura ambiente) y el agua tibia (¡no caliente!) En un recipiente más pequeño. La mezcla se revuelve bien con un tenedor.

Por último, poner la masa de levadura en el bol grande y remover con cuidado todo con un gancho para amasar.

Luego tapa el bol y deja que la masa suba en un lugar cálido durante una buena hora.

ANILLO DE PIZZA

Porciones: 2

INGREDIENTES

- 2 piezas   cebolla
- 3 piezas   Tomates
- 1 PC   Pimentón (verde)
- 1 premio   orégano
- 1 kilogramo   Masa de pizza (lista o fresca)
- 100 GRAMOS Salchicha de jamón
- 100 GRAMOS queso
- 100 GRAMOS Pasta de tomate
- 1 premio   pimienta
- 1 premio   sal

PREPARACIÓN

Pica finamente la cebolla. Pica también los tomates, los pimientos, la salchicha de jamón y el queso.

Ponga una pizca de aceite en una sartén y cocine la cebolla al vapor hasta que esté transparente y deje enfriar. Mezclar los ingredientes para el relleno (cebolla, pimiento, tomate, jamón, queso, sal, pimienta, orégano) en un bol.

Estirar la masa de pizza y cortar rectángulos individuales (aprox. 20x8 cm) con la rueda para pizza.

Forre una forma redonda o una bandeja para hornear con papel pergamino o unte con mantequilla. Luego coloque las partes rectangulares individuales alrededor, borde con borde. Luego colóquelo de nuevo borde con borde sobre rectángulos individuales.

Ahora la mitad inferior se recubre con pasta de tomate y se rellena con el relleno previamente preparado. Luego cierre las partes rectangulares o el anillo una tras otra. Presiona la masa un poco hacia abajo hasta que obtengas un bonito anillo. Unte con huevo y espolvoree con queso y especias si lo desea.

Hornee en el horno precalentado a 180 ° de aire caliente o calor superior e inferior durante 20-25 minutos hasta que estén dorados.

PIZZA POLENTA CON VERDURAS

Porciones: 2

INGREDIENTES

- 0,5 TL sal
- 80 G   polenta
- 1 Msp nuez moscada
- 1 premio   pimienta
- 3 cucharadas crema agria
- 200 ml agua

para el aderezo

- 2 piezas   Tomates

- 1 PC   Pimentón (rojo)

PREPARACIÓN

Para la pizza de polenta con verduras, primero precalienta el horno a 200 grados. Llevar a ebullición una cacerola con unos 200 ml de agua salada. Agregue la polenta y sazone con nuez moscada y pimienta.

Cocine la polenta a fuego lento durante unos 5 minutos, revolviendo constantemente. Tan pronto como espese, agregue la crema agria y sazone nuevamente. Retirar del fuego y dejar enfriar un poco.

Mientras tanto, lave los tomates y los pimientos y córtelos en tiras cortas. Cortar las berenjenas en dados.

Forre un molde para pasteles con papel de horno y extienda la polenta con una espátula. Unte las verduras por encima.

Hornee en el horno durante unos 25 minutos.

SALSA PARA PIZZA CON HIERBAS

Porciones: 1

INGREDIENTES

- 1 lata   Tomates (en trozos)
- 4 cucharadas Pasta de tomate
- 1 PC   cebolla
- 1 PC   diente de ajo
- 1 premio   azúcar
- 150 ml caldo
- 1 TL   Hierbas (albahaca / orégano)
- 3 cucharadas Aceite de oliva para la sartén
- 1 premio   pimienta de cayena

- 1 premio   pimienta
- 1 premio   sal

PREPARACIÓN

Para la salsa de pizza, primero pela y pica finamente la cebolla y el ajo. Lavar los tomates y cortarlos también en trozos pequeños.

Luego calienta el aceite en una sartén pesada y sofríe la cebolla hasta que esté traslúcida, agrega el ajo y sofríe brevemente.

Ahora agregue los trozos pequeños de tomate y vierta el caldo de sopa (verduras claras o sopa de carne) sobre él, agregue la pasta de tomate y cocine a fuego lento brevemente.

Agregue las hierbas finamente picadas (como albahaca, orégano, mejorana) y sazone con sal y pimienta. Cocine a fuego lento durante unos 10-15 minutos y luego sazone nuevamente al gusto.

SALAMI PIZZA

Porciones: 3

INGREDIENTES

- 500 G Harina
- 1 paquete   Levadura seca
- 1 TL   sal
- 1 TL   Azúcar granulada
- 70 ml aceite de oliva
- 300 ml agua tibia
- 20 salami Schb
- 1 paquete   Queso Mozzarella
- 3 cucharadas Pure de tomate

PREPARACIÓN

Tamizar la harina en un bol y mezclar con la levadura seca, la sal y el azúcar.

Agrega el aceite de oliva y el agua y amasa todo hasta formar una masa. Deje reposar durante 1 hora.

Luego coloque en una bandeja para hornear forrada con papel de hornear para que el borde sea un poco más grueso que el resto de la base.

Pre-hornee en el horno a 240 grados durante 10 minutos, retire y cepille con el puré de tomate.

Luego extiende las rodajas mozzarella por encima y por encima con las rodajas salami.

Sazone con orégano y hornee en el horno a 240 grados hasta que el borde esté agradable y dorado.

PIZZA DE LATA CON SARDINAS Y CAPERS

Porciones: 4

INGREDIENTES

- 250 g Harina
- 1 paquete   Levadura seca
- 50 GRAMOS manteca
- 1 PC   Yema
- 70 ml Leche
- 1 premio   sal
- 250 g Pasta de tomate
- 1 PC   Dientes de ajo
- 1 premio   Sal

- 1 Msp pimienta
- 150 G Queso de pizza
- 1 TL   condimento de pizza
- 2 lata Sardinas
- 3 cucharadas alcaparras
- 1 lata Maíz
- 200 g Hongos

PREPARACIÓN

Mezcle la harina con sal y levadura seca, agregue la yema, la mantequilla tibia y la leche tibia, amase hasta obtener una masa suave con un procesador de alimentos. Cubrir con un paño de cocina y dejar reposar durante 30 minutos.

Mientras tanto, pelar y picar finamente los ajos. Limpiar y cortar las setas en rodajas, escurrir las sardinas y cortarlas en trozos. Escurre el maíz por un colador.

Extienda la masa de pizza sobre una superficie de trabajo espolvoreada con harina y colóquela en una bandeja para hornear forrada con papel de hornear. Mezclar la pasta de tomate con el ajo, sal y pimienta y esparcir sobre la masa de pizza.

Cubra la pizza con sardinas, alcaparras, maíz y champiñones, espolvoree con condimento para pizza y queso para pizza y hornee en el horno precalentado a 200 grados durante 15-20 minutos.

MASA PARA PIZZA SIN LEVADURA

Porciones: 4

INGREDIENTES

- 240 G Macetas
- 260 G Harina
- 0,5 TL sal
- 1 PC   huevo
- 1 paquete   Levadura en polvo

PREPARACIÓN

Mezclar la harina y el polvo de hornear y tamizar en un bol. Agrega el huevo, el requesón y la sal y amasa rápidamente todo hasta obtener una masa suave.

Engrase la bandeja para hornear y extienda la masa sobre ella. Cubre la lámina de masa a tu gusto y hornea durante unos 20 minutos a 220 ° C, dependiendo del grosor de la cobertura.

MEZCLA DE PAN PIZZA

Porciones: 4

INGREDIENTES

- 2 cucharadas Harina de trigo integral para superficie de trabajo
- 250 g Queso feta
- 250 ml Salsa de tomate
- 4 cucharadas Ketchup de tomate (picante)
- 6 Schb   Jamón ahumado
- 1 cucharada   orégano
- 2 cucharadas aceite de oliva
- 1 paquete   Mezcla de pan de seis granos
- 1 premio   albahaca
- 2 piezas   Pimientos (verdes)

- 2 piezas   Tomates (medianos)
- 1 premio   pimienta
- 1 premio   sal

PREPARACIÓN

Mezcle la mezcla para hornear con agua tibia según las instrucciones y déjela reposar durante 40 minutos. Mezclar la salsa de tomate con la salsa de tomate, las especias, la sal, la pimienta y el aceite de oliva.

Desmenuza el queso feta y corta el jamón en tiritas. Precalienta el horno a 200 grados. Cubre la bandeja para hornear con papel de hornear. Estirar la masa al tamaño de una hoja.

Unte con la salsa de tomate sazonada. Coloque el jamón, el queso feta, los tomates, los pimientos encima y hornee en el horno durante 20-25 minutos.

SALSA DE PIZZA

S

Porciones: 6

INGREDIENTES

- 2 cucharadas Salsa de aderezo
- 1 cucharada   vinagre
- 1 TL   orégano
- 5 cucharadas salsa de tomate colada
- 2 cucharadas Triplo
- 1 TL   Vegeta
- 3 cucharadas agua

PREPARACIÓN

Extienda la masa de pizza terminada en una bandeja para hornear forrada con papel de hornear.

Para la cobertura de la pizza, revuelva la salsa de aderezo, el vinagre, el orégano, la salsa de tomate, el triplo, la vegeta y el agua en un recipiente durante aproximadamente 1 minuto, unte la masa de la pizza con ella y hornee en el horno durante 20-25 minutos.

MANAKISH

Porciones: 2

INGREDIENTES

- 1 paquete   Levadura seca
- 500 G Harina
- 1 TL   Sal (eliminado)
- 1 TL   Azúcar (eliminado)
- 5 cucharadas aceite de oliva
- 200 ml Agua (tibia)
- 1 cucharada   Aceite de oliva para cepillar

para condimentar y recubrir

- 2 cucharadas Zatar (mezcla de especias)
- 100 ml aceite de oliva

PREPARACIÓN

Para la receta de Manakish, primero ponga el agua, el azúcar y la levadura en un tazón pequeño y mezcle todo bien. Deje reposar unos minutos a temperatura ambiente.

Poner la harina (tamizada) y la sal en un bol, hacer un pozo y añadir la mezcla de levadura. Agrega aceite de oliva. Amasar todo hasta obtener una masa fina. (Máquina de cocina). Forma una bola con la masa, unta con aceite y cubre con un paño y deja reposar unos 50 minutos hasta que la masa se duplique.

Mezcle la mezcla de especias zatar y aceite de oliva. Dividir la masa en 6 trozos, formar pizzas pequeñas y untar con aceite de zatar.

Cubra las pizzas con otros ingredientes según lo desee, colóquelas en una bandeja para hornear forrada con papel de hornear y hornee en el horno precalentado durante aproximadamente 7-8 minutos, a fuego superior e inferior hasta que estén doradas.

MASA PARA PIZZA

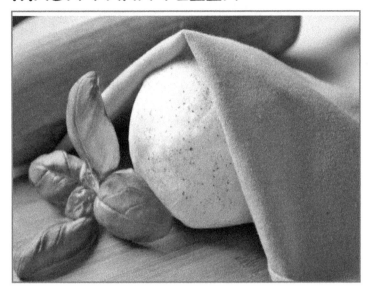

Porciones: 1

INGREDIENTES

- 450 G Harina
- 2 piezas   Huevos
- 3 premio   sal
- 120 g margarina
- 0,5 paquete   Levadura seca
- 2 cucharadas orégano
- 2 cucharadas petróleo

PREPARACIÓN

Precalienta el horno a 180 grados.

Mezcle la levadura seca con agua tibia y agregue los ingredientes restantes, mezcle hasta obtener una masa suave y extienda.

Forre la bandeja para hornear, que ha sido engrasada con aceite, con la masa y cubra como desee. Luego hornee por 20 minutos.

PIZZA DE LENTEJAS

Porciones: 3

INGREDIENTES

- 1 paquete   Masa de pizza (receta básica)
- 1 lata   lentes
- 1 PC   cebolla
- 200 g Queso Mozzarella
- 2 TL   curry
- 200 g yogur
- 1 premio   pimienta
- 1 premio   sal

PREPARACIÓN

Precalienta el horno a 220 grados. Extienda la masa sobre una bandeja para hornear con papel de hornear.

Pelar la cebolla y cortarla en aros, escurrir las lentejas. Corta la mozzarella en cubos.

Unta el yogur sobre la masa. Unte encima las lentejas, la cebolla y la mozzarella, sazone.

Hornee en el horno durante unos 20 minutos.

TOSTADA DE PIZZA

Porciones: 4

INGREDIENTES

- 4 Schb   pan blanco
- 1 cucharada   manteca
- 2 piezas   Tomates
- 4 piezas   Filetes de anchoa
- 4 Schb   Queso procesado emmental
- 4 piezas   Aceitunas

PREPARACIÓN

Tostar pan blanco por ambos lados, mantequilla por un lado, cubrir con rodajas finas de tomate y esparcir los filetes de anchoa por encima.

41

Cubrir con una rodaja de queso cada uno.

Cortar las aceitunas en rodajas y colocarlas encima del queso.

Horneado en el horno o bajo la parrilla durante 8-10 minutos hasta que el queso se derrita cremoso

PIZZA DE JAMÓN

Porciones: 4

INGREDIENTES

- 450 G Harina
- 0,5 Wf   Germen
- 4 cucharadas aceite de oliva
- 1 TL   sal
- 1 premio   azúcar
- 200 ml agua tibia
- 1 cucharada   Harina para hacer ejercicio
- 2 cucharadas Aceite para lata
- 12 Jamón Schb
- 1 vaso Pesto de tomate
- 4 piezas   Dientes de ajo

- 2 cucharadas Aceite de oliva (cobertura)
- 300 G pizza de queso rallado

PREPARACIÓN

Precaliente el horno a 230 ° de temperatura superior / inferior. Desmenuza la levadura en un bol, revuelve con azúcar y agua hasta que quede suave. Agrega la harina, el aceite de oliva y la sal y amasa todo hasta obtener una masa suave. Cubra y deje reposar en un lugar cálido durante aproximadamente 1 hora.

Forme 4 bolas con la masa, extiéndala en tortas redondas y planas de aprox. 26 cm de diámetro sobre un poco de harina y colocar en 4 bandejas de horno aceitadas.

Untar la mitad del pesto de tomate en la base, esparcir el queso encima, cubrir con jamón y rociar la segunda mitad del pesto de tomate encima.

Pelar y picar los dientes de ajo y mezclar con el aceite, cubrir el borde de la pizza de manera espesa y distribuir el resto sobre la pizza. Mete la pizza al horno y hornea por 15 minutos.

MASA DE PIZZA PARA PIEDRA DE PIZZA

Porciones: 4

INGREDIENTES

- 500 G Harina tipo 00 (harina para pizza)
- 0,5 Wf   Levadura fresca
- 50 ml agua tibia (para masa previa)
- 150 ml agua tibia
- 100 ml Leche
- 0,5 TL azúcar
- 15 G   sal marina
- 2 cucharadas aceite de oliva

PREPARACIÓN

Precaliente el horno a 30 grados de temperatura superior / inferior. Tamizar toda la harina.

Para la masa previa: disolver la levadura con 50 ml de agua tibia y 1/2 cucharadita de azúcar en un bol. Agregue 3 cucharadas de harina a la mezcla de levadura / azúcar / agua y revuelva en la masa previa. Tapar y dejar levar la masa previa en el horno precalentado durante 30 minutos.

Para la masa de pizza: poner la harina en el vaso y preparar un pozo. Verter la masa previa, los 150ml de agua y la leche en el pozo preparado y remover brevemente.

Luego agrega el aceite de oliva y la sal marina y amasa durante unos 3 minutos con el gancho amasador del robot de cocina. Mientras amasa, verifique una y otra vez la consistencia, si la masa está muy seca, se puede agregar un poco de agua.

Poner la masa en un bol espolvoreado con harina y dejar reposar en un lugar cálido (máx. 30 grados) durante aprox. 2 horas.

Antes de preparar las pizzas, vuelve a amasar bien la masa y divídela en 4 partes. Ahora se puede moldear y cubrir la pizza como se desee.

PIZZA DE ESPAGUETI DE LA BANDEJA

Porciones: 4

INGREDIENTES

- 2 piezas   cebolla
- 3 piezas   pimenton
- 400 ml Crema batida
- 1 paquete   Jamón cocido
- 5 piezas   Tomates
- 1 cucharada   petróleo
- 3 cucharadas Pasta de tomate
- 500 G espaguetis
- 200 g Queso (rallado)

- 1 premio   pimienta
- 1 premio   sal

PREPARACIÓN

Cocine los espaguetis en agua con sal según las instrucciones del paquete hasta que estén al dente. Mientras tanto, cortar las cebollas, los tomates y los pimientos en dados y sofreírlos con el aceite en una sartén alta hasta que estén blandos. Desglasar todo con la nata montada. Déjalo hervir a fuego lento hasta que la salsa espese. Luego sazone con pasta de tomate hasta que adquiera un bonito color.

Extienda los espaguetis terminados en una bandeja para hornear. Cubra con los cubos de jamón cocido. Vierta la salsa por encima y finalmente esparza el queso rallado por encima.

Hornee a 180 ° C (calor superior / inferior) durante unos 15 minutos, hasta que el queso se haya derretido y la salsa se haya absorbido.

MUFFINS DE PIZZA CON PASTA DE PUFF

Porciones: 12

INGREDIENTES

- 250 g Carne picada
- 1 paquete   Hojaldre (estante refrigerado)
- 1 PC   cebolla
- 1 PC   Huevos
- 1 cucharada   condimento de pizza
- 2 cucharadas Pasta de tomate
- 2 cucharadas Albahaca (congelada)

PREPARACIÓN

Para los muffins de pizza con hojaldre, primero precaliente el horno a 200 grados de temperatura superior / inferior y forre un molde para muffins con revestimientos de papel.

Estirar la masa de hojaldre y cortar en 12 cuadrados. Ahora usa las hojas de pastelería para colocar las cajas de papel.

Luego pela y pica finamente la cebolla. Mezcle la cebolla, la carne picada, el huevo, el condimento para pizza y la pasta de tomate en un bol. Ahora esparce la mezcla en los moldes de masa preparados.

Espolvoreamos con mucho queso y horneamos en el horno durante 30 minutos.

PIZZA CON ANCHOAS Y CAPERS

Porciones: 2

INGREDIENTES

- 350 g Harina
- 180 ml Agua tibia
- 20 ml petróleo
- 4 G   Germen
- 2 TL   sal
- para el aderezo
- 250 ml Polpa
- 80 G   Queso rallado
- 80 G   Queso Mozzarella

- 3 cucharadas alcaparras
- 100 GRAMOS Anchoas en escabeche
- 70 G   Rúcula
- 2 piezas   Dientes de ajo
- 1 premio   sal
- 1 premio   pimienta

preparación

Para la masa: disolver la levadura con agua y azúcar glas. Luego mezcle agua, aceite y sal con levadura (un procesador de alimentos es adecuado para esto). Ahora amase la harina en partes.

Amasar todo hasta obtener una masa suave, luego formar una bola de masa suave. Cúbralo con film transparente y déjelo reposar durante al menos 2,5 horas (o preferiblemente durante la noche).

Divida la masa de pizza en 2 partes, extienda ambas con un poco de harina adherente y colóquelas en 2 bandejas para hornear forradas con papel de hornear. Finalmente, cubra las pizzas con rebanadasqueso y terminar con anchoas, alcaparras y rúcula. Hornee las dos pizzas una detrás de la otra en el nivel más bajo durante unos 5 minutos.

MASA PARA PIZZA DE CURD

Porciones: 1

INGREDIENTES

- 200 g Queso cuajado (20%)
- 1 PC   huevo
- 4 cucharadas Leche
- 8 cucharadas petróleo
- 1 Msp sal
- 200 g Harina de trigo integral
- 0,5 paquete   Levadura en polvo

PREPARACIÓN

Para la masa de pizza de queso quark, amase una masa
de requesón, leche, huevo, aceite, sal, harina y levadura

en polvo. Enrolle la masa en una bandeja para hornear forrada con papel pergamino y cubra al gusto.

PIZZA PERFECTA

Porciones: 3

INGREDIENTES

- 500 G Harina
- 300 ml agua tibia
- 1,5 TL sal
- 15 G   Germen
- 100 GRAMOS harina práctica para la superficie de trabajo
- 0.5 vidrio   Pasta de tomate para untar
- Paquete de 3 Mozzarella de búfalo
- 1 premio   albahaca
- 1 premio   orégano

PREPARACIÓN

Primero, la harina se tamiza en el procesador de alimentos. Luego se agrega la sal. Disuelva la levadura en el agua y agregue.

Luego amase los ingredientes hasta obtener una masa homogénea. Se requiere un amasado largo de al menos 30 minutos para que la masa quede agradable y elástica.

Después de amasar, cubrir la masa con un paño húmedo y dejar reposar durante al menos una hora. Luego divide la masa en tres partes.

Espolvoree vigorosamente la superficie de trabajo con la práctica harina de trigo y extienda o saque la masa finamente, pero asegúrese siempre de que haya suficiente harina en la masa y en la superficie de trabajo.

Precalienta el horno a 250 ° C de aire caliente y deja que se caliente la bandeja sobre la que está colocada la pizza, para que la base de la pizza también quede agradable y crujiente.

Coloque la pizza sobre papel de horno, cubra con pasta de tomate, albahaca y - o orégano y mozzarella. Luego coloque la pizza con el papel de hornear en la bandeja caliente, la pizza es mejor cuando solo tiene una en el horno a la vez. Hornee por unos 5 minutos.

PIZZA DE ESPÁRRAGOS

Porciones: 4

INGREDIENTES

- 500 G Espárragos (verdes)
- 1 taza Crema batida
- 0.5 tazas de queso crema fresca
- 1 PC zanahoria
- 1 Msp nuez moscada
- 100 GRAMOS brócoli
- 100 GRAMOS Queso (rallado)
- 1 paquete Masa de pizza (compartimento de enfriamiento)
- 3 cucharadas Salsa de tomate
- 1 premio pimienta

- 1 premio   sal

PREPARACIÓN

Para la pizza de espárragos, primero precaliente el
horno a 200 grados y forre una bandeja para hornear
con papel de hornear. Estirar la masa de pizza sobre el
papel de horno y tirar un poco de los bordes hacia
arriba.

Luego lavar los espárragos, si es necesario cortar los
extremos duros. Extienda los espárragos sobre la masa.
Extienda los floretes de brócoli encima. Limpiar y
cortar las zanahorias en rodajas.

Mezcle la crema agria, la salsa de tomate y la crema
fresca, sazone con sal, pimienta y nuez moscada.
Extienda esta mezcla sobre la masa. Extienda los trozos
de zanahoria encima también. Extienda los espárragos
de la misma forma.

Hornee en el horno precalentado durante 30 minutos.

PIZZA "CARBONARA"

Porciones: 2

INGREDIENTES

- 3 piezas   yema de huevo
- 250 g jamón
- 1 taza Crema batida
- 100 GRAMOS Pimentón verde
- 50 GRAMOS manteca
- 1 premio   sal
- 1 premio   pimienta
- para la masa de pizza
- 350 g Harina
- 175 ml Agua tibia
- 20 ml petróleo

- 4 G   Germen
- 9 G   sal

PREPARACIÓN

Primero disuelve la levadura con agua y azúcar glas. Luego mezcle agua, aceite y sal con levadura. Ahora amase la harina en partes.

Amasar todo hasta obtener una masa suave, luego formar una bola de masa suave. Cúbralo con film transparente y déjelo reposar durante al menos 2,5 horas (o preferiblemente durante la noche).

Mientras tanto, cortar el jamón y el pimentón en tiras y tostarlos brevemente en mantequilla en una sartén antiadherente. Agregue la crema batida y deje hervir brevemente; Retirar la sartén del fuego y espesar con la yema. Ahora ligar la mezcla con un poco de harina y sazonar con sal y pimienta.

Extienda la masa en la forma deseada sobre una superficie enharinada y distribuya la salsa carbonara uniformemente por encima. Luego hornee en un horno precalentado a 180 ° C durante unos 20 minutos.

PIZZA COHETE

Porciones: 4

INGREDIENTES

- 1 PC   Masa de pizza (lista)
- 150 G Rúcula
- 175 G Queso crema (hierbas)
- 2 cucharadas piñones
- 4 TL   aceite de oliva

PREPARACIÓN

Precalentar el horno a 180 ° C (convección). Dividir la masa de pizza en 4 partes, formar bolas, estirar y colocar en dos bandejas para hornear forradas con papel de hornear.

Clasifica la rúcula, lávala, sécala bien y, si quieres, córtala en trozos pequeños.

Unte la masa de pizza con queso crema, espolvoree con los piñones y sazone con pimienta, luego hornee en el horno durante unos 15 minutos. Saca las pizzas del horno y cubre con la rúcula. Rocíe con 1 cucharadita de aceite de oliva, sazone con sal y pimienta al gusto y sirva inmediatamente.

PIZZA DE TOMATE

Porciones: 1

INGREDIENTES

- Masa para pizza Pc (según la receta básica)
- 10 sucursales Tomillo (fresco)
- 2 piezas Dientes de ajo
- 3 piezas Tomates
- 1 premio pimienta
- 4 cucharadas Aceite de oliva (cualitativo)
- 1 premio sal
- 60 G Salsa de tomate
- 100 GRAMOS Queso (vegano)

PREPARACIÓN

Coloque la masa de pizza preparada en casa en una bandeja para hornear y déle forma. Precalentar el horno a 250 ° C.

Luego se prepara la cobertura: picar finamente las hojas de tomillo y picar finamente el ajo. Cortar los tomates transversalmente en rodajas de 1 cm de grosor.

Primero esparce la salsa de tomate sobre la masa. Luego poner el queso (vegano) y las rodajas de tomate sobre la masa. Luego sazone con abundante pimienta y espolvoree con tomillo y ajo. Ahora rocíe con un poco de aceite de oliva.

Luego, la pizza se coloca en el horno precalentado y se hornea a 250 grados en la rejilla más baja durante 15 a 20 minutos. Ponga hojas frescas de albahaca en la pizza como decoración antes de servir.

PALO DE PLAGA DE PIZZA

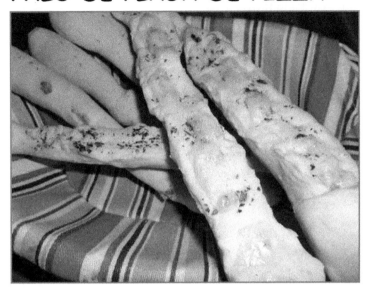

Porciones: 4

INGREDIENTES

- 1 PC   masa de pizza terminada
- 0.5 vidrio   Pesto de albahaca
- 0,5 paquete   queso de montaña rallado

PREPARACIÓN

Coloque la masa de pizza terminada (comprada o hecha usted mismo) sobre una superficie de trabajo enharinada. Cortar tiras de aprox. 2 cm de espesor.

Extienda el pesto y el queso en las tiras como desee y enrolle o doble.

Hornee los palitos en el horno a unos 200 grados durante 13-15 minutos.

PIZZA DE ATÚN

Porciones: 4

INGREDIENTES

- 1 paquete   Masa de pizza (estante de enfriamiento)
- 1 lata   Tomates (cortados en cubitos)
- 3 cucharadas Pasta de tomate
- 2 lata atún
- 1 PC   cebolla
- 150 G Hongos
- 1 PC   pimenton
- 1 premio   sal
- 1 cucharada   petróleo
- 150 G Queso (rallado)

- 1 Pa   aceitunas negras

PREPARACIÓN

Para la pizza de atún, precaliente el horno a 200 grados de temperatura superior / inferior y extienda la masa de pizza en una bandeja para hornear. Cepille la masa con un poco de aceite.

Luego pela la cebolla y córtala en aros. Limpiar las setas y cortarlas en rodajas, lavar los pimientos, quitar las semillas y cortar en trozos pequeños, quitar el corazón de las aceitunas y cortarlas en rodajas. Escurre el atún en un colador.

Mezclar la pasta de tomate y los tomates y esparcir sobre la masa, sazonar un poco de sal. Luego poner el atún, la cebolla, los champiñones, el pimentón y finalmente el queso sobre la pizza.

Hornea la pizza en el horno durante unos 30 minutos hasta que el queso se derrita.

PIZZA CON ANCHOAS

Porciones: 4

INGREDIENTES

- 500 G Harina
- 15 G   levadura
- 1 TL   sal
- 0.5 Agua (tibia)
- 3 cucharadas aceite de oliva
- 100 GRAMOS Aceitunas (negras)
- 150 G Anchoas
- 1 PC   Cebollas

PREPARACIÓN

Desmenuza la levadura, agrega un poco de agua tibia y déjala reposar durante 5 minutos. Apila la harina y haz un hueco en el medio.

Ponle el agua, el aceite de oliva y la sal. Amasar bien todos los ingredientes hasta obtener una masa elástica y tersa. Luego, forma una bola con la masa, envuélvela en un paño de cocina limpio y déjala crecer en un lugar cálido durante 2 horas.

Luego amasa la masa nuevamente por 1-2 minutos, divídela en cuatro partes y déjala reposar por otros 15 minutos.

Ahora forma cuatro bases de pizza redondas de 1/2 cm de grosor, unta con aceite de oliva y cubre con las anchoas. Coloque en una bandeja para hornear y hornee durante 15 minutos en el horno precalentado a 190 ° C de temperatura superior / inferior.

PIZZA DE ALCACHOFAS

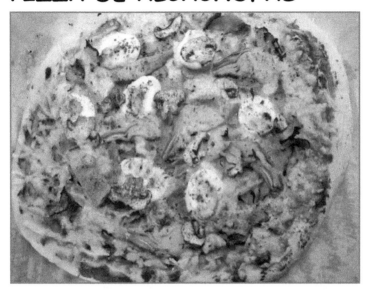

Porciones: 3

INGREDIENTES

- 500 G Harina
- 1 TL   sal
- 1 paquete   Levadura seca
- 1 TL   azúcar
- 300 ml agua
- 150 G Salsa de tomate
- 300 G Queso de pizza
- 1 premio   condimento de pizza
- 3 piezas   Huevos (cocidos)
- 1 vaso alcachofas

PREPARACIÓN

Amasar la harina, la sal, el azúcar, la levadura seca y el agua hasta formar una masa y tapar en un bol y dejar reposar durante 30 minutos.

Coloque la masa sobre una superficie de trabajo ligeramente enharinada y divídala en tres partes. Presione las bolas de masa un poco planas con la mano y sepárelas con cuidado.

Unte la masa redonda con salsa de tomate, luego espolvoree con queso para pizza. Cortar el jamón, las alcachofas y los huevos en rodajas, cubrir con ellos y finalmente espolvorear con el condimento para pizza. Hornee en el horno a 220 grados hasta que esté crujiente.

MASA DE PIZZA RÁPIDA

Porciones: 1

INGREDIENTES

- 5 cucharadas Leche
- 7 cucharadas aceite de oliva
- 250 g Macetas
- 1 paquete   Levadura en polvo
- 1 TL   sal
- 1 PC   huevo
- 400 G Harina suave)

PREPARACIÓN

Para la masa de pizza rápida, amase una masa suave de requesón, leche, aceite, sal, huevo, harina y levadura en polvo.

Forre una bandeja para hornear con papel pergamino, extienda la masa y cubra al gusto. Hornee durante unos 35 minutos en el horno a 180 grados.

PIZZA CON ESPINACAS Y PIÑONES

Porciones: 4

INGREDIENTES

- 1 Wf   Levadura seca
- 250 g Harina sin blanquear
- 0,5 TL sal
- 180 ml agua tibia
- 6 cucharadas aceite de oliva virgen extra
- 4 piezas   Dientes de ajo finamente picados
- 1 cucharada   romero fresco
- 2 TL   sal
- 375 G Espinacas

- 100 GRAMOS Sultanas
- 30 G piñones tostados
- 1 premio   sal
- 1 premio   pimienta recién molida

PREPARACIÓN

Tamiza la harina, la levadura y la sal en el recipiente del procesador de alimentos. Agregue agua y 2 cucharadas de aceite de oliva y mezcle bien todos los ingredientes en intervalos cortos.

Amasar vigorosamente a mano durante 2 minutos. Deje que la masa golpee con fuerza la superficie de trabajo varias veces, esto fortalece la llamada estructura de la masa. Engrase un poco la bola de masa y tápela y déjela crecer en un lugar cálido - unas 4 horas -

Mientras tanto, lava y clasifica las espinacas a fondo varias veces y solo ponlas con el agua escurrida a temperatura media. Cocine con las pasas y los piñones hasta que esté firme al picar. Agregue el aceite y sazone con sal y pimienta.

Amasar de nuevo la masa de pizza y extenderla formando un rectángulo alargado. Hacer hendiduras en la masa con los dedos, espolvorear con ajo, romero y sal y rociar con el aceite de oliva restante.

Hornee sobre papel de hornear ligeramente engrasado a aprox. 200 ° C durante unos 20-30 minutos, hasta que la pizza tenga una agradable corteza de color marrón claro.

Deje enfriar un poco y cubra con la mezcla de espinacas.

PIZZA AMERICANA

Porciones: 2

INGREDIENTES

- 350 g Harina suave
- 175 ml Agua tibia
- 17 ml   aceite de oliva
- 4 G   Germen
- 9 G   sal
- para el aderezo
- 0.125 Polpa de tomate
- 50 GRAMOS Chorizo
- 150 G queso Cheddar
- 6 piezas   Jalapeños

- 2 piezas   Dientes de ajo, pelados y finamente picados
- 0,5 TL sal
- 1 premio   pimienta
- 18 Bl   albahaca

PREPARACIÓN

Para la masa, disuelva la levadura en el agua. Luego mezcle el aceite y la sal con la levadura. Ahora agregue la harina y amase todo hasta obtener una masa suave. Envuelva la masa en film transparente y déjela reposar durante al menos 2,5 horas (o preferiblemente durante la noche).

Precalienta el horno a 220 grados y prepara los ingredientes para la cobertura: para ello, sazona la polpa de tomate con ajo, sal y pimienta; Cortar el chorizoen trozos, ralle el queso cheddar, lave los jalapeños y córtelos en aros.

Divida la masa de pizza en dos partes, extiéndala con un poco de harina adherente y colóquela en dos bandejas para hornear forradas con papel de hornear. Cubra con polpa, chorizo, cheddar y jalapeños.

Deje que la pizza se eleve durante otros 10 minutos y luego hornee durante 10-15 minutos hasta que tenga el color marrón deseado y decore con hojas de albahaca antes de servir.

PIZZA CON BRESAOLA Y RÚBULA

Porciones: 2

INGREDIENTES

- 250 g Harina de pizza (o harina de trigo simple)
- 125 ml Agua (tibia)
- 0,5 Wf   Germen (fresco)
- 1 premio   azúcar
- 3 cucharadas aceite de oliva
- 0,5 TL sal
- 1 taza Harina para espolvorear
- 250 g ricotta
- 50 GRAMOS Parmesano (rallado)

- 1 Federación Rúcula
- 200 g Bresaola (jamón de ternera italiano) en lonchas

PREPARACIÓN

Para la masa de pizza, disuelve la levadura y el azúcar en agua tibia y amasa con la harina, 1 cucharada de aceite de oliva y sal para formar una masa. Dar forma a la masa en forma de bola, colocar sobre una tabla enharinada, espolvorear con un poco de harina y cubrir con film transparente y dejar reposar hasta que la masa haya subido al doble de su tamaño.

Luego, extienda la masa finamente, unte con ricotta, espolvoree con parmesano y rocíe con el aceite de oliva restante.

Para hornear la pizza, lleve la piedra para pizza en el horno a la temperatura más alta posible, coloque la pizza encima y hornee de 3 a 4 minutos hasta que esté crujiente.

Lava el cohete y sécalo con un centrifugado. Sacar del horno la pizza terminada, cubrir con rodajas de rúcula y bresaola y rociar con un poco de aceite de oliva.

PIZZA MARGHERITA

Porciones: 4

INGREDIENTES

- 300 G Harina
- 0,5 Wf   Germen
- 1 TL   azúcar
- 1 TL   sal
- 125 ml Leche
- 125 ml agua
- 1 cucharada   petróleo
- 150 ml Tomates, sucedió
- 1 lata Maíz
- 2 piezas   Tomates
- 1 paquete   Queso de pizza

- 1 cucharada   condimento de pizza

PREPARACIÓN

Cavar un pozo en la harina para la masa de levadura y desmenuzar la levadura. Unte el azúcar sobre la levadura y vierta 1 cucharada de agua tibia en el hoyo. Calentar la leche y el agua y agregar a la harina. Agregue aceite y sal y mezcle bien con un gancho para masa. Si la masa está demasiado pegajosa, agregue un poco más de harina.

Deje que la masa de levadura se eleve en un lugar cálido durante unos 20 minutos. Vierta un poco de aceite en una bandeja para hornear y extienda la masa sobre ella.

Cepille la masa con pasta de tomate y distribuya todos los demás ingredientes sobre la masa. Finalmente espolvorear el condimento para pizza y colocar en el horno a 160 ° C durante unos 20 minutos.

PIZZA STRUDEL

Porciones: 4

INGREDIENTES

- 1 paquete   hojaldre
- 2 piezas   Tomates
- 100 GRAMOS Queso rallado
- 80 G   jamón
- 1 lata Maíz
- 0.5 Stg   Puerro
- 1 TL   condimento de pizza

PREPARACIÓN

Estirar el hojaldre. Cortar los tomates en rodajas y colocar unos dos tercios sobre el hojaldre.

En un bol mezclar el jamón cortado en tiras, el puerro, el queso rallado, el maíz (al gusto) y el condimento para pizza y esparcir sobre los tomates. Coloque los tomates restantes encima.

Doblar la masa de hojaldre y hornear en el horno sobre una bandeja de horno a 200 ° C durante unos 20 minutos.

PISSALADIERS

Porciones: 10

INGREDIENTES

- 350 g Harina, tamizada)
- 0,5 Wf   levadura
- 2 cucharadas aceite de oliva
- 1 TL   sal
- 100 GRAMOS Aceitunas (negras)
- 16 piezas   Filetes de anchoa (en aceite)

para el aderezo

- 1 kilogramo   Cebollas
- 4 cucharadas aceite de oliva
- 1 premio   sal

- 1 premio   pimienta
- 6 etapas   tomillo

PREPARACIÓN

Para la masa, tamizar la harina en un bol y formar un hueco en el medio. Triturar la levadura en un bol pequeño, mezclar con 180 mililitros de agua tibia y finalmente añadir a la cubeta de harina con aceite y sal. Amasar todo vigorosamente hasta obtener una masa homogénea. Luego déjelo reposar en un lugar cálido durante unos 60 minutos.

Ahora llegamos a la cobertura: cortar las cebollas en tiras finas. Calienta el aceite en una cacerola y sofríe las cebollas a fuego medio hasta que estén doradas, luego sazona con sal y pimienta. Mientras las cebollas se enfrían, retire las hojas de tomillo de los tallos y píquelas finamente. Luego agregue a las cebollas.

Ahora precalienta el horno a 200 ° C. Además, corta las aceitunas del hueso y escurre los filetes de anchoa en un colador.

Ahora amase bien la masa sobre una superficie de trabajo enharinada y divídala en 4 partes iguales. A continuación, se extiende cada pieza de 2 a 3 mm de grosor, se pincha varias veces con un tenedor y se cepilla con un poco de aceite. Luego esparce la mezcla de cebolla sobre el pan plano. Tan pronto como todo esté cubierto (excepto el borde), los pasteles vienen uno tras otro en el horno y se hornean hasta que estén crujientes en aproximadamente 5 a 10 minutos.

Cubra los panes planos terminados con anchoas y aceitunas, ¡listo!

PIZZA DE ATÚN

Porciones: 4

INGREDIENTES

- 1 paquete   Masa de pizza (estante de enfriamiento)
- 1 lata   Tomates (cortados en cubitos)
- 3 cucharadas Pasta de tomate
- 2 lata atún
- 1 PC   cebolla
- 150 G Hongos
- 1 PC   pimenton
- 1 premio   sal
- 1 cucharada   petróleo
- 150 G Queso (rallado)

- 1 Pa   aceitunas negras

PREPARACIÓN

Para la pizza de atún, precaliente el horno a 200 grados de temperatura superior / inferior y extienda la masa de pizza en una bandeja para hornear. Cepille la masa con un poco de aceite.

Luego pela la cebolla y córtala en aros. Limpiar las setas y cortarlas en rodajas, lavar los pimientos, quitar las semillas y cortar en trozos pequeños, quitar el corazón de las aceitunas y cortarlas en rodajas. Escurre el atún en un colador.

Mezclar la pasta de tomate y los tomates y esparcir sobre la masa, sazonar un poco de sal. Luego poner el atún, la cebolla, los champiñones, el pimentón y finalmente el queso sobre la pizza.

Hornea la pizza en el horno durante unos 30 minutos hasta que el queso se derrita.

PIZZA CON PASTELERÍA DE PUFF

Porciones: 2

INGREDIENTES

- 1 PC   Hojaldre (listo)
- 6 cucharadas Pasta de tomate
- 10 G   jamón
- 10 G   salami
- 5 piezas   Chiles
- 4 piezas   piña
- 1 lata Atún
- 1 premio   orégano
- 1 premio   pimienta

- 1 premio   sal

PREPARACIÓN

Extienda el hojaldre en una bandeja para hornear y unte con la pasta de tomate.

Unte el jamón, el salami, los pimientos, la piña y el atún sobre la masa y sazone con orégano, sal y pimienta. Hornee en el horno precalentado a aprox. 180 ° C durante unos 20 minutos.

PIZZA STRUDEL

Porciones: 4

INGREDIENTES

- 1 paquete   hojaldre
- 2 piezas   Tomates
- 100 GRAMOS Queso rallado
- 80 G   jamón
- 1 lata   Maíz
- 0.5 Stg   Puerro
- 1 TL   condimento de pizza

PREPARACIÓN

Estirar el hojaldre. Cortar los tomates en rodajas y colocar unos dos tercios sobre el hojaldre.

En un bol mezclar el jamón cortado en tiras, el puerro, el queso rallado, el maíz (al gusto) y el condimento para pizza y esparcir sobre los tomates. Coloque los tomates restantes encima.

Doblar la masa de hojaldre y hornear en el horno sobre una bandeja de horno a 200 ° C durante unos 20 minutos.

PIZZA POLENTA

Porciones: 1

INGREDIENTES

- 100 GRAMOS Polentagries gruesos
- 300 ml agua
- 100 ml Leche
- 150 G Salsa de tomate
- 100 GRAMOS Zanahorias
- 100 GRAMOS Puerro
- 100 GRAMOS coliflor
- 150 G Queso de montaña (rallado)
- 50 GRAMOS Cebollas
- 5 G   orégano
- 1 Msp nuez moscada

- 1 premio   pimienta
- 1 premio   sal

PREPARACIÓN

Hervir la polenta con agua, leche, sal, pimienta y nuez moscada en una cacerola y esparcir en una bandeja de horno, dejar enfriar un poco.

Mientras tanto, lave, limpie y pique las verduras. Unte la masa enfriada con salsa de tomate y cubra con las verduras.

Espolvorear con queso, cebolla y orégano y hornear a unos 160 ° C durante unos 25 minutos.

SALAMI DE PIZZA

Porciones: 4

INGREDIENTES

- 1 PC   Masa de pizza para revolver
- 1 lata Tomates cortados
- 1 cucharada   Orégano seco
- 1 premio   sal
- 1 premio   pimienta
- 130 ml agua
- 100 GRAMOS Rodajas de salami
- 120 g Queso Mozzarella
- 0,5 TL azúcar
- 2 cucharadas aceite de oliva
- 4 cucharadas Aceitunas negras sin hueso

97

- 1 PC   cebolla

PREPARACIÓN

Precalentar el horno a 250 ° C.

Pelar la cebolla y cortarla en cubos. Pelar y picar finamente el diente de ajo. Deje que el aceite de oliva se caliente en una sartén y cocine los cubos de cebolla al vapor hasta que estén transparentes. Agregue el ajo y el azúcar y cocine por otros 2 minutos.

Mezclar el orégano con los tomates para pizza, colocar en una cacerola y calentar. Sazone con sal y pimienta y cocine a fuego lento durante 4 minutos.

Amasar el contenido de la bolsa de masa para pizza con 125 ml de agua tibia. Enharina la superficie de trabajo y extiende 2 círculos de unos 22 cm. Colócalos en la bandeja para hornear.

Escurre la mozzarella y córtala en cubos. Unte la salsa de tomate sobre la base de la masa, luego cubra con salami y aceitunas. Extienda los cubitos de queso encima.

Coloque en el horno durante 15 minutos en la rejilla inferior.

PIZZA GUGELHUPF

Porciones: 4

INGREDIENTES

- 1 kilogramo   Masa de levadura (según la receta básica)
- 5 piezas   Tomates de cóctel
- 1 PC   cebolla
- 1 PC   Puerro
- 200 g queso
- 1 premio   sal
- 100 GRAMOS Pasta de tomate (o salsa de tomate)
- 2 cucharadas crema agria
- 2 piezas   Pimiento (rojo, amarillo, verde)

- 100 GRAMOS Salchicha de jamón
- 1 cucharada   Mantequilla (para el molde)
- 1 premio   Mejorana
- 1 premio   orégano
- 1 premio   Albahaca (seca)
- 1 PC   Diente de ajo (fresco, triturado)

PREPARACIÓN

Prepara una masa de levadura para el bizcocho de gelatina de pizza según la receta básica.

Pelar y picar la cebolla. Cortar el puerro en trozos pequeños. Lavar los tomates y cortarlos en trozos pequeños. Lavar los pimientos (amarillos, rojos, verdes) y cortar en trozos finos. Cortar la salchicha de jamón en trozos pequeños.

Ahora ponga todos los ingredientes finamente picados en un bol y sazone bien con mejorana, orégano, albahaca, sal y ajo.

Luego corta (o ralla) el queso. Mientras tanto, mezcle la pasta de tomate con la crema agria en un tazón pequeño y reserve.

Ahora unte una sartén Gugelhupf con mantequilla y forre la sartén con la masa de pizza; corte la masa que cuelga sobre ella con un cuchillo.

Ahora esparce la masa con la salsa de tomate y crema agria. Luego rellena con las verduras.

Finalmente, coloque el queso encima y cubra el relleno con la masa de pizza restante - presione bien los bordes.

Hornee en el horno precalentado a 220 ° C durante aprox. 25 minutos, rejilla del medio. Vuelva a cambiar a 200 ° C durante los últimos 10 minutos.

Retirar del molde mientras aún esté caliente y servir.

PAN PIZZA DE AMÉRICA

Porciones: 2

INGREDIENTES

- 250 g Carne picada
- 150 G Hongos
- 200 g Tomates
- 2 piezas   pimenton
- 1 cucharada   Tomillo (seco)
- 150 G Queso Mozzarella
- 100 GRAMOS Parmesano (rallado)
- 1 vaso Salsa de pizza

para la masa

- 150 G Harina

- 1 premio   sal
- 1 cucharada   aceite de oliva
- 0,5 paquete   Germen
- 70 ml agua

PREPARACIÓN

Para la pizza sartén de América, primero prepare la masa. Tamizar la harina en un bol, verter sal y aceite de oliva por encima y mezclar con un tenedor. Hacer un hueco en el medio y desmenuzar la levadura. Agrega poco a poco el agua tibia hasta que se forme una masa suave. Deje reposar en un lugar cálido durante 25 minutos.

Precalienta el horno a 200 grados. Unte una sartén con aceite, extienda la masa, colóquela en la sartén y tire hacia arriba por el borde. Lave los tomates y los pimientos y córtelos en trozos pequeños. Limpiar y cortar en cuartos los champiñones. Corta la mozzarella en rodajas.

Sofreír brevemente la carne picada en una sartén con aceite. Unte la masa con salsa para pizza y esparza encima la carne picada. Ahora cubra con las verduras preparadas y cubra con mozzarella y parmesano. Espolvorea con tomillo.

Hornee en el horno durante unos 25 minutos hasta que el queso se haya derretido.

PIZZA TOSTADA

Porciones: 2

INGREDIENTES

- 4 piezas   Tostadas de mijo
- 5 cucharadas Salsa de tomate (orgánica, condimentada)
- 2 cucharadas Maíz
- 2 cucharadas Hongos
- 2 cucharadas pimenton
- 6 cucharadas Queso (rallado)
- 1 premio   orégano

PREPARACIÓN

Primero precalienta el horno a 200 ° C.

Tuesta las tostadas de mijo, luego úntalas con la salsa de tomate orgánica. Esparcir el maíz, los champiñones, los pimientos, etc. por encima. Espolvorear con el queso rallado. Posiblemente orégano y mejorana encima y luego en la pipa.

Se cuece al horno a 200 ° C hasta que el queso se derrita y adquiera un color claro.

MINI CALZONE

Porciones: 10

INGREDIENTES

- 1 PC   Masa de pizza (receta básica o congelada)
- 150 G Hongos
- 2 premio   pimienta
- 2 premio   sal
- 1 premio   orégano
- 200 g Tomates de cóctel
- 2 cucharadas Queso crema fresca
- 125 G Queso Mozzarella
- 1 PC   diente de ajo
- 1 TL   Jugo de limon

PREPARACIÓN

Primero cubra una bandeja de horno con papel de horno, extienda la masa de pizza y corte 12 círculos con un cortador de galletas redondo (10 cm de diámetro) y luego colóquelos en la bandeja. Precaliente el horno a 200 grados de temperatura superior / inferior.

A continuación, lave los champiñones, frótelos y córtelos en rodajas finas. Lavar y cortar en cuartos los tomates también. Escurre la mozzarella y córtala en cubos pequeños.

Luego sazone la crema fresca con sal, pimienta y jugo de limón. Pelar y picar finamente los ajos e incorporarlos a la crema fresca.

Ahora esparce la crema sobre los círculos de pizza. Unte los champiñones, los tomates y la mozzarella solo en la mitad de los círculos de pizza y bátelos para hacer pequeñas pizzas calzone.

Espolvorea de nuevo con sal, pimienta y orégano como más te guste. Hornee en el horno caliente (rejilla inferior) durante unos 15 minutos.

BARCO DE PIZZA

Porciones: 6

INGREDIENTES

- 600 G Harina de espelta
- 1 paquete   Levadura seca
- 1 TL   azúcar
- 3 TL   sal
- 300 ml agua tibia
- 5 cucharadas aceite de oliva
- 3 cucharadas salsa de tomate
- 24 salami Schb
- 1 lata   Maíz
- 1 PC   pimiento rojo
- 100 GRAMOS queso rallado

- 2 TL orégano

PREPARACIÓN

Tamice la harina en un bol, agregue la levadura seca, el azúcar, el aceite de oliva, la sal y el agua y trabaje hasta obtener una masa suave. Deje reposar una hora.

Luego divídelo en 6 piezas, sácalas en tu mano, colócalas en una bandeja, dobla los bordes y dales forma de barco.

Unte con salsa de tomate, esparza el salami, el queso, el pimentón cortado en cubitos y el maíz encima y sazone con orégano. Coloque en una bandeja para hornear y hornee a 230 grados durante unos 20 minutos.

PIZZA CON FRUTTI DI MARE

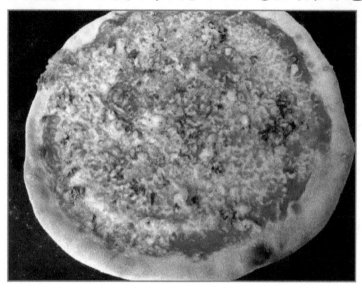

Porciones: 2

INGREDIENTES

- 125 ml Salsa de tomate
- 100 GRAMOS Queso Gouda (rallado)
- Bullet Mozzarella (rallada)
- 150 G Vieiras (solo la carne)
- 60 G   Anchoas
- 2 piezas   Dientes de ajo (recién exprimidos)

para la masa

- 500 G Harina suave)
- 220 ml Agua (tibia)
- 2 cucharadas aceite de oliva

- 1 paquete   Levadura seca
- 1 TL   sal
- 1 premio   Azúcar granulada

PREPARACIÓN

Para la masa: tamizar la harina en un bol. Mezclar el agua (tibia) en otro bol con la sal, una pizca de azúcar, la levadura y el aceite, luego agregar lentamente la harina.

Amasar todo con un gancho de masa de un procesador de alimentos hasta obtener una masa suave y formar una bola de masa lisa. Cubre esto con un paño de cocina y déjalo reposar durante al menos 40 minutos a temperatura ambiente.

Pasado el tiempo de descanso, divida la masa de pizza en 2 partes, extienda ambas con un poco de harina adherente y colóquelas en 2 bandejas para hornear forradas con papel de hornear.

Finalmente, unte la masa con la salsa de tomate y cubra con mejillones, queso Gouda, anchoas y mozzarella. Hornee las dos pizzas una detrás de la otra en la rejilla del medio durante aprox. 20 minutos con aire caliente a 170 ° C.

CONCLUSIÓN

La pizza es sin duda el plato más conocido y para muchos también el más popular de Italia. El pan plano de la cocina napolitana hizo su avance triunfal en los menús del mundo a principios del siglo XIX.

Lo más importante en una receta de pizza es usar la masa de pizza adecuada e ingredientes frescos para la cobertura. Pero tampoco se debe descuidar el tiempo de horneado adecuado y el dispositivo de horneado adecuado (horno de pizza): aquí encontrará una selección de recetas de pizza que son fáciles de preparar usted mismo.

Lightning Source UK Ltd.
Milton Keynes UK
UKHW050857210521
383981UK00005B/16

9 781801 979733